Santa Luzia

Elam de Almeida Pimentel

Santa Luzia

Invocada para proteção contra doença dos olhos

Novena e ladainha

Petrópolis

© 2016, Editora Vozes Ltda.
Rua Frei Luís, 100
25689-900 Petrópolis, RJ
www.vozes.com.br
Brasil

1ª edição, 2016.

1ª reimpressão, 2022.

Todos os direitos reservados. Nenhuma parte desta obra poderá
ser reproduzida ou transmitida por qualquer forma e/ou quaisquer
meios (eletrônico ou mecânico, incluindo fotocópia e gravação)
ou arquivada em qualquer sistema ou banco de dados
sem permissão escrita da editora.

CONSELHO EDITORIAL

Diretor
Gilberto Gonçalves Garcia

Editores
Aline dos Santos Carneiro
Edrian Josué Pasini
Marilac Loraine Oleniki
Welder Lancieri Marchini

Conselheiros
Francisco Morás
Ludovico Garmus
Teobaldo Heidemann
Volney J. Berkenbrock

Secretário executivo
Leonardo A.R.T. dos Santos

Editoração: Gleisse Dias dos Reis Chies
Diagramação: Sheilandre Desenv. Gráfico
Capa: Omar Santos

ISBN 978-85-326-5311-6

Este livro foi composto e impresso pela Editora Vozes Ltda.

Sumário

1 Apresentação, 7
2 Tradição sobre a vida de Santa Luzia, 9
3 Novena de Santa Luzia, 13
   1º dia, 13
   2º dia, 15
   3º dia, 16
   4º dia, 17
   5º dia, 19
   6º dia, 20
   7º dia, 22
   8º dia, 23
   9º dia, 24
4 Oração a Santa Luzia, 27
5 Ladainha de Santa Luzia, 29

Apresentação

A devoção a Santa Luzia já existia no século V e é uma das devoções mais populares do Brasil. Santa Luzia, Santa de Luz, é invocada como protetora contra a doença dos olhos.

Este livrinho contém a tradição sobre a vida de Santa Luzia, sua novena, oração e ladainha, como também passagens bíblicas, seguidas de uma oração para o pedido da graça especial, acompanhada de um Pai-nosso, uma Ave-Maria e um Glória-ao-Pai.

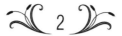

Tradição sobre a vida de Santa Luzia

Luzia ou Lúcia pertencia a uma família rica e nobre de Siracusa, na Itália. Tendo recebido uma educação cristã, fez votos de virgindade muito cedo. Era uma jovem bonita, cujos olhos fascinavam todos que a fitavam. Quando Luzia ficou órfã de pai, sua mãe pretendia que ela contraísse matrimônio com um jovem de distinta família, mas pagão. Luzia pediu um tempo para decidir devido aos votos de se manter virgem. A mãe adoeceu e estava desenganada pelos médicos. Então, Luzia, devota de Santa Águeda, foi ao túmulo desta em Catânia pedir pela mãe. Luzia, em oração, teve uma visão em que Santa Águeda apareceu e lhe disse: "Tua mãe está restabelecida graças a tua fé. Como Deus se dignou glorificar a cidade de Catânia por causa do meu martírio, assim Siracusa será célebre por ti, porque, por tua virgindade, preparaste agradável morada de Deus em teu coração". Chegando à sua casa, Luzia encontrou a mãe curada e logo surgiu novamente a proposta de casamento, à qual ela recusou terminantemente e, por vingança, o pretendente a denunciou às autoridades por não cumprir a palavra dada pela mãe e por ser cristã.

Prevendo o martírio, Luzia imediatamente distribuiu seus bens e se preparou para todo sofrimento através da oração. Foi presa, intimidada com ameaças, inclusive de ser levada a prostíbulo. Conta a tradição que, embora Luzia não movesse um dedo, nem dez homens juntos conseguiriam levantá-la do chão. Jogaram em seu corpo resina, azeite fervendo, e ela continuou viva. Foi jogada em uma fogueira e nem as chamas conseguiram tocá-la. Somente um golpe de espada em sua garganta tirou-lhe a vida aos 15 anos de idade.

Logo após sua morte, os cristãos de Siracusa a elegeram sua santa e, no mesmo local do martírio, construíram um templo em sua honra. Santa Luzia salvou Siracusa nos momentos de carestia, terremotos e guerras. Tornou-se a padroeira do local. É representada com a palma do martírio e a outra mão segurando um prato com dois olhos; pois, segundo a lenda, "ela os teria arrancado das órbitas, oferecendo ao seu pretendente, que se enamorara dela pelos seus olhos, afastando assim o olhar dos homens e a vaidade pessoal".

Santa Luzia, invocada como protetora contra as doenças dos olhos, é celebrada em 13 de dezembro.

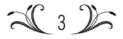

Novena de Santa Luzia

1º dia

Iniciemos com fé este primeiro dia de nossa novena, invocando a presença da Santíssima Trindade: em nome do Pai e do Filho e do Espírito Santo. Amém.

Leitura do Evangelho: Jo 9,1-11

Jesus estava passando e viu um homem que era cego de nascença. Os discípulos perguntaram-lhe: "Mestre, quem foi que pecou, ele ou seus pais, para ele nascer cego?" Jesus respondeu: "Ninguém pecou, nem ele nem seus pais, mas é para que as obras de Deus se manifestem nele. É preciso trabalhar nas obras de quem me enviou enquanto é dia. Virá a noite, quando já ninguém pode trabalhar.

Enquanto estou no mundo, sou a luz do mundo". Ao falar isso, Jesus cuspiu no chão, fez um pouco de lama com a saliva, passou nos olhos do cego e disse: "Vai lavar-te na piscina de Siloé" – que quer dizer enviado. O cego foi, lavou-se e voltou vendo. Os vizinhos e quem antes o conhecia, pois era mendigo, diziam: "Não é aquele que estava sentado pedindo esmola?" Uns respondiam: "É sim". Outros contestavam: "Não é ele não, apenas parece com ele". Mas ele mesmo dizia: "Sou eu, sim". Perguntaram-lhe então: "Como se abriram os teus olhos?" Ele respondeu: "O homem chamado Jesus fez um pouco de lama, passou nos meus olhos e disse: 'Vai a Siloé lavar-te. Fui, lavei-me e recuperei a vista'".

Reflexão

Nessa passagem do Evangelho, João fala da cura de um cego e que tal cegueira ocorreu para que se manifestassem as obras de Deus no cego. Fala também que Jesus é a Luz do mundo.

Oração

Santa Luzia, intercedei para que não falte luz em nossos olhos. Ajudai-nos a perseverar na fé, mesmo quando tudo parecer treva. Confio em vossa intercessão junto a Jesus para o alcance da graça de que tanto necessito... (Pede-se a graça.)

Pai-nosso.
Ave-Maria.
Glória-ao-Pai.
Santa Luzia, intercedei por nós.

2º dia

Iniciemos com fé este segundo dia da nossa novena, invocando a presença da Santíssima Trindade: em nome do Pai e do Filho e do Espírito Santo. Amém.

Leitura do Evangelho: Jo 8,12

> Jesus falou-lhes outra vez: "Eu sou a luz do mundo. Quem me segue não andará nas trevas, mas terá a luz da vida".

Reflexão

Jesus, luz que ilumina nosso caminho, que aquece nosso coração, tanto nas horas de alegria como nas de tristeza. A luz de Jesus chega a todos, mas só ilumina aqueles que o deixam penetrar em suas vidas.

Oração

Senhor, ilumine meu caminho, guiando meus passos e estendendo sua mão protetora. Venho hoje pedir, por intercessão de Santa Luzia, a graça de que muito necessito... (Pede-se a graça.)

Pai-nosso.

Ave-Maria.

Glória-ao-Pai.

Santa Luzia, intercedei por nós.

3º dia

Iniciemos com fé este terceiro dia da nossa novena, invocando a presença da Santíssima Trindade: em nome do Pai e do Filho e do Espírito Santo. Amém.

Leitura bíblica: Sl 27,1

O Senhor é minha luz e minha salvação: a quem temerei?

Reflexão

Essa passagem do salmo mostra que devemos ter confiança total no Senhor. Santa Luzia tinha confiança plena no Senhor Jesus e, assim, peçamos a ela que fortaleça nossa fé.

Oração

Santa Luzia, concedei-nos a luz da fé e da esperança, para que possamos amar a Jesus. Com fé em vós, fortalecidos neste momento, peço a graça de que tanto necessito... (Pede-se a graça.)

Pai-nosso.

Ave-Maria.

Glória-ao-Pai.

Santa Luzia, intercedei por nós.

4º dia

Iniciemos com fé este quarto dia da nossa novena, invocando a presença da Santíssima Trindade: em nome do Pai e do Filho e do Espírito Santo. Amém.

Leitura do Evangelho: Jo 1,1-5

No princípio era a Palavra, e a Palavra estava com Deus, e a Palavra era Deus. No princípio ela estava com Deus. Todas as coisas foram feitas por meio dela e sem ela nada se fez do que foi feito. Nela estava a vida, e a vida era a luz dos seres humanos. A luz brilha nas trevas, mas as trevas não a compreenderam.

Reflexão

João deixa claro que a luz de Deus brilha sempre e em todo lugar, bastando que nos coloquemos à disposição divina para que a luz do Senhor se propague e clareie o mundo e a nós também.

Oração

Senhor, que vossa palavra oriente nossas vidas. Que ela seja nossa luz e esperança.

Por intercessão de Santa Luzia, Santa da fé e da esperança, faço meu pedido... (Pede-se a graça.)

Pai-nosso.

Ave-Maria.

Glória-ao-Pai.

Santa Luzia, intercedei por nós.

5º dia

Iniciemos com fé este quinto dia da nossa novena, invocando a presença da Santíssima Trindade: em nome do Pai e do Filho e do Espírito Santo. Amém.

Leitura do Evangelho: Mt 5,14-16

> Vós sois a luz do mundo. Não é possível esconder uma cidade situada sobre um monte, nem se acende uma lamparina para se pôr debaixo de uma vasilha, mas num candelabro, para que ilumine todos os da casa. É assim que deve brilhar vossa luz diante das pessoas, para que vejam vossas boas obras e glorifiquem vosso Pai que está nos céus.

Reflexão

A luz divina nos ilumina desde o início de nossas vidas. Na Bíblia, "luz" é vida, verdade, amor, alegria, paz. As boas obras são frutos de uma vida iluminada pela graça e pelo amor de Deus.

Oração

Santa Luzia, iluminai nossa vida com a luz de vossa justiça e graça, preservando-nos das trevas. Concedei-me a graça que a vós suplico... (Pede-se a graça.)

Pai-nosso.

Ave-Maria.

Glória-ao-Pai.

Santa Luzia, intercedei por nós.

6º dia

Iniciemos com fé este sexto dia da nossa novena, invocando a presença da Santíssima Trindade: em nome do Pai e do Filho e do Espírito Santo. Amém.

Leitura do Evangelho: 1Jo 1,5-7

A mensagem que dele ouvimos e vos anunciamos é esta: Deus é luz, nele não há trevas. Se dizemos que temos comunhão com Ele, mas andamos nas trevas, mentimos e não praticamos a verdade. Se, porém, andamos na luz, assim como Ele está na luz, estamos em comunhão uns com os outros, e o sangue de Jesus, seu Filho, nos purifica de todo o pecado.

Reflexão

As palavras de Deus devem orientar nossa vida. É importante que assim acreditemos para que a luz divina se propague e nos ilumine, preservando-nos das trevas.

Oração

Senhor, por intercessão de Santa Luzia, concedei-nos vossa luz e dai-me a graça de que tanto necessito... (Pede-se a graça.)

Pai-nosso.

Ave-Maria.

Glória-ao-Pai.

Santa Luzia, intercedei por nós.

7º dia

Iniciemos com fé este sétimo dia da nossa novena, invocando a presença da Santíssima Trindade: em nome do Pai e do Filho e do Espírito Santo. Amém.

Leitura do Evangelho: Mt 20,29-34

> Ao saírem de Jericó, uma grande multidão o seguia. Dois cegos, sentados à beira do caminho, ouviram que Jesus passava e começaram a gritar: "Senhor, Filho de Davi, tem piedade de nós!" O povo repreendia-os e mandava que se calassem. Mas eles gritavam ainda mais alto: "Senhor, Filho de Davi, tem piedade de nós!" Jesus parou chamou-os, e perguntou: "Que desejais que eu vos faça?" Eles lhe disseram: "Senhor, que nossos olhos se abram". Compadecido, Jesus lhes tocou os olhos; eles logo começaram a ver de novo e se puseram a segui-lo.

Reflexão

A cura dos cegos mostra que de Jesus vem a luz da salvação. Que, com fé e esperança, tudo é possível.

Oração

O Senhor é minha luz e salvação. Por intermédio de Santa Luzia, peço a graça de que tanto necessito... (Pede-se a graça.)

Pai-nosso.

Ave-Maria.

Glória-ao-Pai.

Santa Luzia, intercedei por nós.

8º dia

Iniciemos com fé este oitavo dia da nossa novena, invocando a presença da Santíssima Trindade: em nome do Pai e do Filho e do Espírito Santo. Amém.

Leitura do Evangelho: Mc 10,51-52

> Tomando a palavra, Jesus lhe perguntou: "O que queres que te faça?" O cego respondeu: "Mestre, eu quero ver de novo!" E Jesus lhe disse: "Vai, tua fé te curou!" No mesmo instante ele começou a ver de novo e se pôs a segui-lo pelo caminho.

Reflexão

Essa passagem do Evangelho de Marcos que aborda a cura do cego Bartolomeu, em Jericó, mostra também a fé e esperança deste em Jesus, levando-nos à reflexão de que nada é impossível quando se pede com fé.

Oração

Santa Luzia, ajudai-me sempre a reconhecer Jesus como Senhor, com inabalável fé nele. Santa Luzia, rogai por nós e concedei-me a graça... (Pede-se a graça.)

Pai-nosso.

Ave-Maria.

Glória-ao-Pai.

Santa Luzia, intercedei por nós.

9º dia

Iniciemos com fé este nono dia da nossa novena, invocando a presença da Santíssima Trindade: em nome do Pai e do Filho e do Espírito Santo. Amém.

Leitura do Evangelho: Lc 11,35-36

Cuida, pois, que a luz que em ti há não seja escuridão. Porque, se todo o corpo estiver iluminado e não houver parte escura, todo ele brilhará como uma lâmpada, quando te ilumina de vivo esplendor.

Reflexão

Com confiança em Deus e com fé inabalável nele, vencemos nossas dificuldades, não permitindo que a escuridão da doença nos domine.

Oração

Santa Luzia, luz de nossa vida, concedei-nos vossa proteção para que... (Pede-se a graça.)

Pai-nosso.

Ave-Maria.

Glória-ao-Pai.

Santa Luzia, intercedei por nós.

Oração a Santa Luzia

Ó Santa Luzia, que preferistes deixar que os vossos olhos fossem vazados e arrancados a negar a fé e conspurcar vossa alma; e Deus, com um milagre extraordinário, devolveu-vos outros dois olhos sãos e perfeitos para recompensar vossa virtude e vossa fé e vos constituiu protetora contra as doenças dos olhos; eu recorro a vós para que protejais minhas vistas e cureis a doença dos meus olhos.

Ó Santa Luzia, conservai a luz dos meus olhos para que eu possa ver as belezas da criação. Conservai também os olhos de minha alma, a fé, pela qual posso conhecer o meu Deus, compreender os seus ensinamentos, reconhecer o seu amor para comigo e nunca errar o caminho que me conduzirá onde vós, Santa Luzia, vos encontrais, em companhia dos anjos e dos santos.

Santa Luzia, protegei meus olhos e conservai minha fé. Amém.

Ladainha de Santa Luzia

Senhor, tende piedade de nós.
Jesus Cristo, tende piedade de nós.
Senhor, tende piedade de nós.

Jesus Cristo, ouvi-nos.
Jesus Cristo, atendei-nos.

Pai celeste, que sois Deus, tende piedade de nós.
Deus Filho, redentor do mundo, tende piedade de nós.
Deus Espírito Santo, tende piedade de nós.
Santíssima Trindade, que sois um só Deus, tende piedade de nós.

Santa Maria, rainha dos mártires, rogai por nós.
Santa Luzia, protetora contra a doença dos olhos, rogai por nós.
Santa Luzia, poderosa intercessora junto a Deus, rogai por nós.
Santa Luzia, santa que não negou a fé em Deus, rogai por nós.
Santa Luzia, Santa de Luz, rogai por nós.
Santa Luzia, guia do nosso caminho, rogai por nós.
Santa Luzia, consolo nosso, rogai por nós.
Santa Luzia, santa da perseverança, rogai por nós.
Santa Luzia, modelo de esperança, rogai por nós.

Cordeiro de Deus, que tirais o pecado do mundo, perdoai-nos, Senhor.
Cordeiro de Deus, que tirais o pecado do mundo, ouvi-nos, Senhor.
Cordeiro de Deus, que tirais o pecado do mundo, tende piedade de nós, Senhor.

Jesus Cristo, ouvi-nos.
Jesus Cristo, atendei-nos.

Rogai por nós, Santa Luzia
para que sejamos dignos das promessas de Cristo.

Conecte-se conosco:

- **f** facebook.com/editoravozes
- **◎** @editoravozes
- **🐦** @editora_vozes
- **▶** youtube.com/editoravozes
- **🗨** +55 24 2233-9033

www.vozes.com.br

Conheça nossas lojas:
www.livrariavozes.com.br

Belo Horizonte – Brasília – Campinas – Cuiabá – Curitiba
Fortaleza – Juiz de Fora – Petrópolis – Recife – São Paulo

EDITORA VOZES LTDA.
Rua Frei Luís, 100 – Centro – Cep 25689-900 – Petrópolis, RJ
Tel.: (24) 2233-9000 – E-mail: vendas@vozes.com.br